Maarit Koivisto

Ruusu sydämessä

runoja

Toinen painos

© 2018 Maarit Koivisto

Kannen kuva: Maarit Koivisto
Kustantaja:
BoD - Books on Demand, Helsinki, Suomi
Valmistaja:
BoD - Books on Demand, Norderstedt, Saksa

ISBN: 978-952-800-405-9

Kaikille ruusuille ja varpusille kaikkien sydämessä.

1. Ruusupuu

Sydämessäni kasvaa ruusupuu,
sen oksille loistaa sinun rakkautesi aurinko
lämmintä, kultaista valoaan.
Ruusu sydämessä avaa nuppujaan,
rakkauden kirkas vesi saa ne virkoamaan.
Varpunen visertävä ruusupuuhun lentää
ja pesäänsä laskeutuu.
Ruusu sydämessä ja varpunen visertävä
rakkaudelle antautuu.

2. Aurinkovoima

Olet energinen aurinkovoima,
joka kukkani saa avautumaan,
antaudun ehdoitta energiallesi,
valosi tahdon vastaanottaa,
avaudun rakkaudellesi.
Aion sinua rakastaa sydämeni valolla
ja sieluni viisaudella,
pyrin luoksesi tulemaan,
jossakin vielä kohdataan.
Olet kuin enkeli minulle,
tahdon pelkkää hyvää sinulle.
Sydämeni ruusu kukkii vain sinulle
levittäen mystistä tuoksuaan,
sieluni valo loistaa kirkkaimmin sinulle,
saat kaikki soihtuni palamaan.

3. Rakkauden puu

Rakkauden puussa
kukkivat ruusut ihmeelliset,
ei voi olla mitään kauniimpaa
kuin kimmeltävä loiste silmiesi,
ruusut rakkauden tuoksuvat lumoavasti,
aukenee tähtien ääretön ulappa,
purjelaivamme rakkauden
seilaa meressä huumaavien ruusujen,
tähtitie tuikkii edessä silmien,
valovuodet kiitävät ohitse meidän rakastavaisten.

4. Sinä

Sinun silmäsi tuikkivat tähdet
saavat sydämeni meren aaltoilemaan,
lämpimästi liikahtelemaan
äärettömyyden rannoille.
Sinun hymysi iloinen säteily
saa sieluni kukat kukkimaan
ja ruusut tuoksumaan.
Kehoni liike on yhtä kanssasi,
sydämesi on sydämessäni,
sielusi on sieluni kanssa.

5. Rakkauden valssi

Täydellä sydämellä kanssasi seilata sain,
se oli rakkauden valssi
jonka kanssasi tanssia sain,
kanssasi tanssiessa sydän sydäntä vasten löi.
Sielun tuli sinun silmistäsi kipinöi,
aarre odottaa jossakin tuolla,
mutta aarre sinun sydämesi on minulle.

6. Sydämeni laiva

Sydämeni laivan ruorissa on kätesi voimakkaat,
elämän merellä on kurssi kohti sielun aarretta,
on säihkyvä timanttiristi ehkä jo ulapan takana
kun silmiin saari siintää.
Yön tähtien kirkas kompassi tuikkii ikuista valoaan
kun käsiisi lujiin luotan ja varmaan ohjaukseen.

7. Sielusi rakkaus

Kaiken kauniin silmistäsi luin,
tarinaa rakkauden,
tarinaa eletyn elämän.
Silmäsi ovat kuin rakkauskirjeet minulle,
täynnä tunnetta, täynnä lämpöä.
Sylisi on paikka tyyntyä,
elää puhdasta hellyyttä,
antaa ja vastaanottaa sydämen lämpöä.
Sielusi rakkaus on majakka minulle
myrskyävällä merellä
kun tunteet heittelevät
ja ajatukset eivät anna rauhaa.
Viisaat sanasi opastavat minut
turvallisesti rantaan
ja kotisatamaan.

8. Rakkauden sali

Tahdon kohdata sinut,
riisua kanssasi naamiot rakkauden salissa.
Otan iskusi vastaan valon kilvellä
ja annan niiden sulaa kirkkauteen.
Vaikka se on vaikeaa,
on se sen arvoista.

9. Tahdon

Tahdon repiä rajusti naamion kasvoiltasi
ja suudella aitoja huuliasi.
Hiuksesi sojottavat päässäsi kuin höyhenet,
kasvosi valkoiset kauhun vangitsemat.
Tahdon käsilläni sulattaa sydämesi jään,
rakkaudellani antaa sinulle
uuden suunnan elämään.
Kirkas puro virtaa sydämessäsi
saaden sielusi elämään,
aitona sydämesi sykkimään,
pulppuamaan rakkautta,
valoa säteilemään.

10. Naamiot

Sinun kasvoillasi on ollut sata naamiota erilaista,
tuhat matkaa olet kulkenut vaivalloista.
Anna valosi loistaa sielustasi,
anna sydämesi viisauden ohjata tietäsi.
Olet ikuinen,
olet voimallinen,
olet viisautta ja valoa.
Olet rakkautta!

11. Silmiesi mysteeri

Tuulet kuiskivat minulle nimeäsi,
näen varpusten nousevan lentoon
ja tulevan luokseni.
Kuunvalo kirjailee hohtavan mosaiikin
valkealle lumelle ja näen siinä kasvosi,
rakkaat ja tutut
Sydämeni hiljentyy äärellesi,
tyyntyy ja rauhoittuu
silmiesi mysteerin eteen.

12. Sinä olet

Olet minulle kirkas vuoripuro
joka vuorilta kirkkaana solisee
ja sydämeni puhdistaa
ja lämmön aukaisee.

Olet minulle kirkas tähtiyö
joka taivaalta valoisana katselee
ja sieluni hiljentää
ja rakkauden aukaisee.

13. Jumalallinen olemuksesi

Kauneus kietoo
salaperäisyyden hunnun ympärillesi,
joka välkehtii valoa
lumoten silmäni näkemään
jumalallisen olemuksesi.
Sielusi on kaunis,
sen valo tanssii silmissäsi
luoden taianomaisen tunnun ympärillesi.

14. Kumarran

Kumarrun kauneutesi eteen,
piirrän tuhansia sydämiä veteen,
tuuli ne luoksesi kuljettaa
ulapankin taa.
Kumarran sielusi valoa,
ihailen sydäntäsi jaloa,
loistaa silmistäsi hehku lämmin,
rakastan sinua aina yltäkylläisemmin.

15. Tie vie

Tie vie rannalle rakkauden,
jossa aaltoja katselen kaipaillen.
Tie vie ulapalle unelmien,
jossa tähdet kartan piirtää sydäntä valaisten.
Tie vie rajuun myrskyyn,
jossa selviydyn rakkauteni viittaan kietoutuen
ja unelmieni kompassiin tukeutuen.
Tie vie elämän halki
viivan veteen piirtäen,
vain tähdet katsovat sitä sen todistaen.

16. Löydän tien luoksesi

Löydän tien luoksesi,
löydän polun joka risteää polkuasi,
löydän tienristeykseen jossa kohdataan.
Lennän mukana lintujen villien,
uin kera kalaparvien,
juoksen halki metsien ja mantujen
sutena laumassa susien.
Villinä ja vapaana käyn halki ilmojen, merien,
metsien ja maiden outojen.
Käyn suden tassuin halki vuorten lumisten,
lennän linnun siivin yli pilvien,
uin kalan lailla alta aaltojen.
Lennän koneella,
saavumme samalle asemalle,
purjehtii laiva yli merten
saapuen satamaan jossa olet.
Löydän reitin luoksesi,
tulen tuulena viheltäen tuttua laulua,
saavun aaltona vaahtopäisenä rannalle luoksesi,
olen kivi polullasi kimaltaen valoa,
olen kukka tiesi varrella kimaltaen kasteesta,
olen puu joka humisee sinulle tuulen viestiä,
olen lintu elämäsi puussa
ja viritän sinulle kauneimman rakkauslaulun,
maalaan elämäsi väreillä sinulle upean taulun.
Löydän reitin luoksesi,
polkumme risteävät kyllä.

Tähdet tuikkivat yllä meren,
yllä erämaan toivon viestiä kantaen mukanaan,
kuu mystinen hohtaa salaperäistä valoaan,
auringon kultasäteet
sydäntä rakkauden lämmittää.

17. Häävalssi

Elämän kukkaniityllä yhdessä kävelimme,
sinulle poimin elämän kukista kimpun värikkään,
minulle painoit päähän kukkaseppeleen
kauniimman kuin mikään.
Johdatin sinut rakkauteen ojentaen käteni,
koskettaen sinua sydämeen.
Tartuit käteeni sielullasi puoleeni taipuen.
Silmiisi katson kirkkaisiin, kyyneltyviin
ja rakkauden herkkä,
mutta voimakas syvyys loistaa niistä niin.
Tanssin kanssasi tämän rakkauden valssin
sydämessäni rakkaus tyyni ja syvä,
sielussani rakkauden valo vahva ja hyvä.
Elämämme näin rakkaudessa yhdistyy,
sielumme ja sydämemme sulautuu
yhteiseen valon säteilyyn.

18. Rakkauden kosminen kehä

Olemme kosmisessa
rakkauden pyhässä kehässä,
rakkaus parantaa,
rakkaus suojelee,
rakkaus siunauksen antaa valoisan sydämeen,
sielun viisauden se esiin tuo.

19. Harmonia

Sydämeni malja kultainen huulillesi nousee
ja saat juoda nesteen vaaleanpunaisen.
Olet liekeissäsi ja roihuat yön pimeydessä
rakkauden viittaan kietoutuen.
Olet edessäni paljaana, avoimena ja aitona,
hyvin herkkänä ja haavoittuvana.
Olet rohkea rakkauden ritari,
sydämessäni aateloitu.
Minä sinulle ojennan
ruusun sydämeni ruusupuusta
ja saan aurasi hehkumaan.
Ympärillesi muodostuu rakkauden kilpi
elämän myrkkynuolilta suojelemaan.
Tuot minulle sydämen maljasi puhtaan
täynnä taianomaista energiaa
ja rakkauden avaimesi lukkoni viimeisetkin avaa
sinut vastaanottamaan.
Olen edessäsi avoimena, aitona ja paljaana,
hyvin herkkänä ja haavoittuvaisena.
Olen rohkea rakkauden prinsessa
jonka hiuksille painat
hopeisen naiseuden kruunun.
Ja salaperäisyyden huntu kasvoiltani nousee
kuin aamunkoi vuorten takaa
ja sieluni valo viisas nousee
kuin aurinko elämäämme valaisemaan.
Sinun sielusi aavistus herkkä soi heleästi meille
saaden kahdenkeskisen maailmamme
harmoniaan.

Taipuu sielumme toinen toistemme puoleen
kuin pajut yli kuohuvan veden
muodostaen sillan rakkaudelle kulkea.
Sydäntemme linnut toisiaan etsien
lentävät halki yötaivaan,
vihdoinkin saapuen samaan satamaan ja laivaan.

20. Kotona

Edessäsi sieluni hiljentyy,
sydämeni tyyntyy, rauhoittuu.
Kanssasi olen kotona,
maailman pauhusta ulkona.
Muodostamme kosmisen rakkauden kehän,
tehden toistemme sydämeen pesän.
Korkein antakoon sinulle siunauksen,
valaiskoon tietäsi lailla kirkkauden.

21. Kartta

Tähtien tuike on minulle kartta luoksesi,
toiveiden tie,
minua ohjaa sielun kompassi.
Sydämesi aura on voimakas,
minun sydämeni on ilman sinua vain puolikas.

22. Kuu

Kun me jossakin kohdataan
on kuu kirkkain,
se kasvoillesi hohtaa.
Kuunsäteenä nyt vain luoksesi tulen,
ympärillesi kietoutuen
ja sydämeesi valona virraten.

23. Sinun silmäsi

Sinun silmistäsi näen tähtitaivaan kirkkaan,
sielussasi tähtien tuike leikkiä lyö.
Sinun silmissäsi hohtaa kuu kirkkain,
eikä pimeä koskaan enää ole minun yö.
Sinun silmistäsi säteet auringon heijastuu,
eikä minulle samalla tavalla merkitse kukaan muu.
Sydämesi lämpö minua lämmittää,
sielusi valo tietäni valaisee.

24. Kehtolaulu

Nuku yön kultaiseen kehtoon
matkaten kanssani rakkauden lehtoon.
Silmiisi olen katsonut koko ehtoon,
nyt nukumme kuun hopeiseen kehtoon.
Tähtien peitolla sinut peittelen,
rakkauden untuvilla hellästi heittelen.
Matkaamme yhdessä unien saliin
ja saan nähdä sielusi kalliin.

25. Alttari

Sydämeni alttarilla,
on kuvasi kaunis ja jalo,
sitä ruusut kehystää
ja sen vierellä on sydämeni rakkauden valo.
Sieluni kristallivirta
sinua kohti kuohuu,
se meidän väliltämme
kaiken ristiriidan puhdistaa.

26. Rakkauden ritari

Rohkea ritari rakkauden
nujertaa lohikäärmeen pahuuden,
katson rakkaani peiliin silmien,
löydän totuuden takaa kilpien.
Viittasi hulmuaa samettinen
kun kannat minua käsivarsillasi
halki väkijoukkojen.
Ratsusi kiitää halki arojen,
tiukasti rutistan sinua,
mutta kuitenkin kuin varoen.
Kylä kylmä ja villi,
keskellä talojen käy kova huuto
läpi rajujen tulipalojen.
Me hurjasti kiidämme pakoon metsän siimekseen,
siellä sinun tulesi
sytyttää liekin minun sydämeen.

27. Avain

Olet avaimenhaltija,
kuka on portinvartija?
Kuka antaa pääsyn vapaan,
milloinka minä sinut tapaan?
Olenko minä vain ruosteinen lukko,
johon avaimesi loksahtaa?
Olet ihmeidentekijä,
joka kaikki lukkoni avaa.

28. Timanttiristi

Timanttiristi kultainen
kantaa mukanaan uskon, toivon ja rakkauden.
Siunaus Korkeimman kosketuksen
kätkee sisälleen pyhän suojeluksen,
valo sädehtii
kautta sydänten välisen sielusidoksen.

29. Sydän

Helmisydäntä kultaista verhoaa
energia salaperäisyyden,
tummassa yössä kulkee kultainen tie rakkauden,
sydän puhdas avautuu
kutsuun tuntemattomuuden,
kanna mukana sydäntä kultaista sielukkuuden.

30. Kaipauksen linnut

Sydäntäni polttaa kyynelten kuumat kristallit,
sieluani puhdistaa surun polttavat kyyneleet.
Sinua rakkaani ajattelen,
kaipauksen linnut lähtevät matkaan lentäen.
Saapuuko luoksesi sulka hopeinen,
sulka linnun mystisen?
Oi rakkaani, kirjoita sillä nimesi sydämeni kirjaan,
kerro tahdotko olla minun,
kulkea kanssani rohkeasti
polkua elämän loppuun asti?
Haikea ulvonta susien
purkautuu metsästä tuskien.
Valoisilla poluilla unien sinut kohtaan
ja katselen tutkien silmiesi kaunista kimallusta,
löydänkö niistä uskallusta
astua virtaan muutoksen,
antautua käsiin rakkauden?
Syliisi antaudun kuiskien nimeäsi
kanssa rakkauden.
Ojennat kätesi minulle,
katseessasi palaa liekit rakkauden.
Olemme yhteen sulautuneet
ja kiepumme joukkoon tähtien.

31. Kuljen kanssasi

Kanssasi rakas kulkea saan,
muistan sinun neuvosi uudestaan,
silmistäsi loistaa valo viisauden,
sielusi on täynnä energiaa rakkauden,
kaipauksella sinua aina ajattelen,
sydämessäni tunnen hellän tunteen.
Pitkän matkan olen kanssasi kulkenut,
monen monta kertaa sydäntäsi olen suudellut,
sieluni kannel helähtää,
on kanssasi ihana yhä uudestaan elää.

32. Kruunu

Kirkkaimmin kruunu loistaa mestarin päässä,
sinun kruunusi kaunein on,
se on minulle loiste kohtalon.
Silmäsi minulle loistavat majakan lailla
kun olen minä opastusta vailla,
katseesi minua suojelee matkoillani
ja siunaa poluillani.
Sydämesi vahva ja herkkä rakastaa,
sinuun yhteyttä sieluni aina kaipaa,
sielumme yhdessä kulkevat ja
syliinsä toisensa sulkevat.

33. Saavun luoksesi

Luoksesi saavun kerran matkalla uupunut,
tuon mukana taakkani raskaan
ja olen niin väsynyt,
sinä syliisi minut otat ja hellästi lohdutat,
saan olkaasi vasten painaa pään
ja vihdoinkin sinut näen.

34. Kohtalon kosketus

Rakkaani tähtien takaa,
olen kuullut kutsusi kerran
ja olen kaivannut luoksesi.
Katseesi syvä ja vakaa loistaa tähtien takaa,
tahdon kanssasi ikuisen elämän jakaa.
Onneni sykkii sydämessäni,
olet aina ytimessäni,
sielumme yhteen sidotut on,
olet kosketus kohtalon.

35. Minä ja sinä

Minä ja sinä,
paljon olemme nähneet ja kokeneet
ja nyt seisomme tässä kohdanneina toisemme.
Paljon vuosia kulunut on,
virrannut kyyneliä,
tuskan hikeä,
kaipuun verta.
Miksi ovat silmäsi oudot niin,
säihke on kadonnut pois?
Maailma heitteli tunteitamme,
myrskyt ovat vieneet tarpeettoman.
Oi, kaikki on tässä ja nyt,
unohda mennyt,
tulevaisuus jätä.
Tuo kaikki on jäänyt taa
tässä, tänään kohdata kaksi vain saa.
Tuleva on vieras, tuntematon.
Elämä, kohtalo kuljettaa,
yksikään siltä ei rauhaa saa.
Minä ja sinä,
tässä ja nyt,
ikuisuus kulunut on
ja edessä ikuisuus vielä.

36. Rakkaus

Rakkaus on antaa vapaus,
luottaa onneen saapuvaan,
kestää elämän katkera kalkki.
Rakkaus on olla pyyteetön,
antaa vaikka ei mitään saisi,
olla avuksi,
palvella sielunsa valolla.
Rakkaus on ehdotonta,
hyväksyy toisen sellaisenaan,
antaa apua ja tukea vaikeuksissa,
mahdollisuuden ja alun uuden
Rakkaus ottaa ilolla vastaan,
avautuu toisen energioille,
antautuu ehdoitta korkeaan kutsuun.
Rakkaus antaa aikaa ja tilaa,
päästää irti ja luopuu tarvittaessa,
toisen hyväksi toimien.
Rakkaus uskoo parhaimpaan,
toivoo unelmien täyttymystä vaan,
pitää yllä uskollisuutta.
Rakkaus uskoo johdatuksen,
sielujen ikuiseen yhteyteen,
sydänten väliseen sidokseen.
Rakkaus on aina ja kaikkialla
omassa sielussa kimaltava valosilta,
sydämessä oleva energiamalja.
Rakkaus voittaa kaiken,
on mahti suurin maailmankaikkeuden.

37. Sydänten ketju

Rakkaus sydämestä herkkänä hehkuu,
ketjussa sydänten rakkain kauneimpana erottuu,
lämmöllä sinua muistelen,
valona luoksesi kaipailen.

38. Mystinen yö

Yön mystinen katse sinua tuijottaa
vaatien itsesi kohtaamaan,
valo välähtää
ja sielu vapaaksi lentää yön varjoihin.
Opas viisas ja vanha
suden hahmossa kanssasi taivaltaa,
korpit tiedostamattoman ylläsi liitelee.
Metsä hiiskumatta seisoo ja kulkuasi vartioi,
aamun tullen yön varjot väistyy
auringon kultaisiin liekkeihin.

39. Viesti

Susi varjoista astuu esiin
kuun hohdetta turkissaan,
silmissään lyhdyt loistavat
ikiaikaisen ja viisaan sielun.
Viestin hän sinulle tuo,
saavu valosi valtaistuimen luo,
ota viitta rakkauden hartioillesi
ja hallitse muutoksin kohtaloasi.

40. Opas

Kuu hopeaisella taiallaan
verhoaa maan yöhön valoisaan.
Huntu hopeinen silmiäni varjostaa,
katseestani sielun viisaus loistaa.
Astuu esiin vanha mies viitassaan
ja lähden häntä seuraamaan.
Pöllö jossakin huhuaa oksallaan
lentäen siivin äänettömin mukanaan.
Metsää yöllistä kuun valo täplittää,
joki ajan jonnekin kauas virtaa.
Ylitän sillan ajattomuuteen,
sieluni avaa ikkunan uuteen.

41. Anna minulle juuret

Korkeampi Voima, Suuri Henki
anna minulle juuret,
joilla yhtyä maan ytimeen,
anna juurieni kaivautua
Äiti Maan sydämeen
ja ammentaa sieltä voimaa,
anna minun tuntea kuuluvani omaan laumaan,
jossa yhdessä samaa kuuta ulvotaan,
jossa villeinä samaan päämäärään jolkutellaan,
jossa tuki on aina lähellä
ja jokaisella on tehtävänsä,
jossa toinen toiseen luottaa voi.
Anna minun ammentaa runsauden maljasta,
anna runsauden sarven aina uudestaan täyttyä.
Anna luonnon minulle aina puhua
ja anna sisimpäni sitä pysähtyä kuuntelemaan.

42. Anna minulle siivet

Korkeampi Minä,
Anna minulle siivet,
joilla lentää taivaan sineen,
anna siipieni kantaa yli vuorien,
yli merien, yli metsien.
Anna siipieni viisauden
auttaa ongelmia ratkaisemaan,
luovuuden virtauksen viedä unelmieni rannalle,
kannattaa siipiäni vapauteen,
jossa ajatukseni lentävät
kotkan siivillä ylös ja kauas,
viihtyen laajoilla ulapoilla,
jonne mielikuvitukseni vie minut villeillä siivillään.
Anna sieluni ohjata siipieni lentoa
niiden ollessa puhtaat ja hohtavat.

43. Salaperäinen siunaus

Siunaus salaperäinen sieluusi lankeaa
kun lähdet tietäsi omaa kulkemaan.
Sydämesi salainen viisaus
matkaasi johdattaa.
Enkeli vierelläsi kulkee ja opastaa,
sinun unelmaasi siivillään suojellen.
Seuraa unelmaasi tummaan tuntemattomaan,
niin sielusi valo siitä käy loistamaan.
Elämä sinulle vastaa rakkaudellaan
kun antaudut maailmaa palvelemaan.

44. Arkkienkeli Mikael

Viitta sininen sinua suojelee,
Mikael taivaallinen sinua varjelee.
Astu rohkeasti ajan kuohuvaan virtaan,
kohtaa muutokset antautuen.
Ota vastaan elämäntehtäväsi
ja katkaise sidokset vanhentuneet.
Valomiekka menneet puhdistaa,
aurasi valolla uudistaa.
Olet turvassa missä tahansa
kun Mikael on sinun rinnallasi.
Suojelusenkelisi häneltä
tehtävänsä vastaanottaa
Pyydä apua ja sitä saat
kun maailmalle iloa jaat.

45. Susi

Susi hopeaturkkinen ulvoo kaipaustaan,
hohtaa kuun kolikko hopeinen
tummalla sametilla yötaivaan.
Tähdet kimaltelevat kuin jäiset timantit,
suden silmissä kyynelkristallit.
Laumasta susi jo kauan lähti
omia polkujaan kulkemaan,
sielukumppaniaan vain kaipaa
kanssaan jolkuttelemaan.
Opastaa susi sieluja oikealle tielle,
revontulet ovat vain viittana omalle mielelle.
Lumihankeen jää jäljet yksinäiset,
jättää jälkeensä susi siunaukset.

46. Koirat

Kesyt koirat kulkevat laumoissa
etsien aina seuraa,
he eivät voi yksin olla eivätkä viihdy omillaan.
Villit koirat kulkevat yksin omia polkujaan,
he eivät voi laumassa elää,
eivätkä juurikaan kaipaa seuraa.
Kesyt ja villit koirat
eivät toisiaan useinkaan kohtaa,
kesyjen koirien haukku kuuluu kauas
kun he laumassa meluaa,
villien koirien polku
taas tuntemattomiin metsiin johtaa
kun he etsivät rauhaa ja harmoniaa.

47. Yön silmät

Minulla on yön silmät,
ne minut unia näkemään saa.
Minulla on kiiluvat yön silmät,
ne minut näkemään saa kaiken taa.
Minulla on valoisat yön silmät,
ne ovat kuin kirkkaat tähdet taivaan,
niillä katsella voin alas maan vaivaan.
Minulla on yön silmät,
ne hohtavat hopeaa kuin täysikuu talvisen taivaan.
Minulla on yön silmät,
ne muita saattaa usein pelottaa.
Minulla on yön silmät ja yöhön yksin minä katoan,
silmäni jäävät muiden tietä vain valaisemaan.
Minulla on yön silmät,
pimeässä sieluni valolla vaellan.

48. Korppi

Lentää korppi varjoista maan,
siitä seuraa minä saan.
Silmä seuraa vaeltajaa,
sulka viereeni putoaa.
Sulkatie minua vie,
kutsuu ääni sisäinen.
Kuvajainen vedestä heijastuu,
sielu silmään peilautuu.
Ole rauhassa varjoissa maan,
sielu vaeltaa valossa vaan.

49. Taikametsä

Lentää lintu hiljaisin siivin,
keijuna metsässä unien hiivin.
Lumpeella lähden joelle päin,
liikun herkästi näin.
Perhosen siivillä matkata voin,
kissankellona niityllä soin.
On kesäyössä taikaa valkeaa,
syksy kun saapuu niin hämärtyy maa.

50. Minä olen

Minä olen rakkauden alkemisti,
avaimenhaltija rakkaani sydämen,
olen ihmeidentekijä sielullinen,
olen soturi valon ja lähettiläs hengellinen.
Olen opas henkisen polun,
olen valon etsijä, valonkantaja metsän synkeän,
olen majakka meren aalloissa,
olen yksinäinen susi kuutamossa,
kuljen omia polkujani alla taivaan tähtien.

51. Enkeli

Enkeli valosiipi luoksesi hiipii,
sinut syliinsä sulkee,
vierelläsi aina kulkee.
Tahdon sinua rakastaa,
kaiken hyvän sinulle lahjoittaa,
täydestä sydämestä,
pyyteettömästi sielusta.
Olet minulle tärkeä opettaja,
olet kaikista paras.
Opetat suuria asioita,
olet rakkauden alkemisti,
olet avaimenhaltija,
olet ihmeidentekijä.
Opetat minua rakastamaan,
opetat luottamaan,
ihmeisiin uskomaan.
Olen kiitollinen sinulle,
olen mykistynyt kauneutesi edessä,
hiljennät rauhattoman mereni,
tyynnytät ristiaallokkoni.

52. Muodonmuutos

Olen ruhtinatar rakkauden,
on viittani kultaista purppuraa.
Pääni yllä loistaa vihityn valo,
on minulla kristallinen talo.
Siunaava käteni kosketus on,
on kohtalosi sinulle tuntematon.
Katson syvälle silmiisi, niiden kultaisiin pyörteisiin,
miten kauniisti hehkuukaan sielusi energia.
Sitä kosketan rakkaudella ja valosi kirkastuu,
varjojen valtiaat pois kaikki aikanaan haihtuu.
Miten sielusi kirja eteeni avautuu,
sydämesi rakkauden kukka hetken hehkuu
ja valolle avautuu.
Me astumme toisiamme kohti
ja kätemme yhdistyy kämmenet vastakkain,
sieluenergiamme yhdentyy
ja hetken verran kokea saan
taian tämän vieraan ja kaukaisen maan,
joka kuitenkin kaikkein läheisin ja rakkain on.
Tämä muodonmuutos meidät muuttumaan saa,
se meissä monia ovia avaa.
Sinä rakkauden alkemisti avaimellasi
sydämeni salaisen kammion avaat,
sieluni aarrearkun kansi avautuu.
Olet ihmeidentekijä,
joka johdattaa minut päättymättömään satuun.
Rakkauden ruusut meissä avautuu,
sielun valokukat kuihtumatta jo hehkuu.

53. Sydänten alkemisti

Sydänten alkemisti,
sydämesi viisaus unelmani punnitsee,
sielusi valo kehitykseni paljastaa.
Rakkautesi energia
sydämeni ja sieluni tunnistaa,
muutat sydämeni kullaksi,
tuot mukanasi muodonmuutoksen,
annat uuden alun ja mahdollisuuden.
Olet unelma minulle,
haaveideni täyttymys,
olet kirkkain tähti taivaalla tummuvassa yössä,
johdatat minua ja annat toivoa.

54. Pisara

Rakkauden alkemisti,
pisara rakkauden,
pisara meren,
pisara kyynelten,
pisara veren ja
pisara kaikkeuden.

55. Hopeasormus

Hopeisella kuuttaren lumoamalla sormuksella
sitoudun feminiinisellä energiallani sinuun
tullakseni eheäksi kokonaisuudeksi
maskuliinisen aurinkoenergiasi säteilyssä.
Aikakausien taika syleilee meitä
ja sormukseni sinetöi luovan kehitysprosessimme
kohti sielurakkauden
mysteerisen meren äärettömiä ulapoita.
Kohtaamisemme hetkellä
sielujemme timantit sädehtivät välillemme
yhteytemme sateenkaaren
ja sydäntemme sävelet soittavat
uuden elämänvaiheen melodiaa.
Kuun hohtava hopea lumoaa
salaperäisyydellään silmiesi lämpimän kullan.
Auringon säteilevä kulta kirkastaa
valoisuudellaan silmieni pilvisen taivaan.

56. Rakkauden malja

Maljassa kimaltelee kirkas vesi,
tuntea saan ihmeellisen rakkautesi.
Lävitseni virtaa elämän vesi,
se puhtaaksi kaiken sydämestäni pesi.
Kyynel kirkas taian antaa,
rakkauden hengestä viestiä kantaa.
Luota rakkauden maljaan,
luota käteen rakastavaan.
Uhraudu silloin kun sydän neuvoo niin,
kääntyy kohtalon lehti vieden vanhan unohduksiin.
Ota vastaan rakkauden mahti,
anna sydämesi antaa elämän tahti.
Ole avoin ja anna kaikkesi,
vastaanota aarre rakkautesi.

57. Rakkauden alkemisti

Rannalla meren vaahtoavan
sinun kanssasi yöllä yhtyä sain.
Sinä olitko satua vain yön salaperäisen?
Katsoin silmiisi kuun hohtaessa niin,
sanat oudot hiekalla vaihdettiin,
kaikki tuo kätköön jäi
sydämen timanttisen uumeniin.
Väri rakkauden vaihtui valoksi sen
sinettinä kokemuksen yöllisen.
Ja kokenut alkemisti sydänten sinetöi
veripisarallaan sielujen yhteyden.
Kyynelin pesty kun timantti oli,
niin puhdas rakkaus jäi sieluihimme ikuisesti.
Rannalla meren vaahtoavan
kuljen hiekalla kuutamon hohteessa taas,
ja muistan yömme yhteisen
ja vielä tuon alkemistin ohjeineen.
Aika on harhaa tiedän sen nyt,
yhä yhteys on,
tunnen sen.
Sielujen sävel soi ikuisuuden,
sen kuulla voi ken rakastaa.

58. Lupaus

Varjoista esiin tulet,
näen kauneutesi tumman,
tunnen rakkauteni tutun ja kumman.
Äänesi hyväilee minua,
se ympäröi minua kauttaaltaan.
Hiivin kanssasi yön samettiseen pimeyteen,
tähdistä sieluni sinulle valoisan kaulaketjun teen.
Sydämeesi tahdon asettua,
mutta sinä saat astua tietäsi omaa.
Kuljen vierelläsi koettelemuksetkin kestäen,
kirouksesi kantaen siinä kuin omanikin.
Rakkaus meidät vapauttaa,
avaimesi sopii lukkooni
ja omalla avaimellani avaan häkkisi oven.
Lennämme taivaan korkeuksiin,
sukellamme meren syvyyksiin,
kävelemme halki pimeän metsän
toisiimme tukeutuen,
uskollisuuteemme luottaen.
En tahdo sinua omistaa,
tahdon rakkautta sinulle antaa,
rakkautesi suurena siunauksena vastaanottaa,
tahdon jakaa kanssasi elämän polut,
olla rinnallasi ja kestää kaiken.
Rakkaus vapauttaa,
rakkaus on avain joka sopii lukkoon.
Synkissä varjoissa suostun kanssasi elämään,
siellä missä sinäkin olet, on minunkin paikkani.
Synkät varjot väistyvät rakkauden valon tieltä.

59. Galaksit

Sydänten alkemisti
saa ruusut kukkimaan,
rakkauden nuput avautumaan.
Hän maailmamme yhdistää
ja lukkomme saa aukeamaan.
Rakkauden valo kaiken kirkastaa,
se saa ruusut hehkumaan sydämissä.
Ruusun terälehdillä kiertävät galaksit,
maailmankaikkeus ruusun kätkeytyy.
Galaksien ytimessä loistaa kirkkain valo,
valo rakkauden.

60. Sydäntemme meret

Varjoista astut esiin,
on olemuksesi viehkeä, vastustamaton.
Tarjoat tulta sydämeeni,
valon ja varjojen leikki kasvoillasi puhuu
ja muutat muotoasi liekehtien.
Tunnen lämpösi ahnaan,
intohimosi hehkun
ja sinua vasten hellästi painaudun.
Sydäntemme meret myrskyävät vastakkain
etsien rauhaa toisistaan.

61. Hellyys

Tulee aalto hellyyden meidät allemme peittäen,
kuin virtaus kuohuvan aallokon
rakkauden voimia käyttäen.
Jo kaukaa huomaan sinun saapuvan
kuin maininki mereltä vyöryen
ja kuin pehmeä hiekka rannan
olen sinut valmis vastaanottamaan.

62. Salaisuuksien lähde

Sinun kanssasi tahdon matkustaa aikain taa,
salaisuuksien lähteelle
ja sinne yhdessä sukeltaa,
mysteerit selvittää mitkä elämää ylläpitää.
Yhdessä löydämme avaimen lukkoon
elämän ketjujen.
Aukenee solmut sydämen
kun löydämme yhteisen sävelen.

63. Kuiskin nimeäsi

Kuiskin nimeäsi kuin tuuli ikuisuuden metsikössä,
humina kaikuu monien vuosituhansien poikki,
tähän päivään,
tähän hetkeen.
Näen kasvosi,
näen silmäsi ja niiden takana monia muita.

64. Elämä, Kuolema ja Rakkaus

I

Tahdotko vai et kysyy elämä,
myönnä taikka kiellä niin tulee kuolema.
Tahdon, tahdon vastaa rakkaus hymyillen.

II

Elämä on uni,
josta kuolema herättää.
Rakkaus on aina hereillä
ja kaiken ymmärtää.

III

Elämän ja kuoleman yhdistää uni ja unohdus,
rakkauden vaatimus on kaikki ja ikuisuus.

65. Rakkauden valtaistuin

Istut valtaistuimella rakkauden,
käsissäsi on rakkauden malja kultainen.
Luoksesi astelen horjuen,
olen kauan jo ollut janoinen.
On valon viittani pölyinen,
minulle tarjoat maljasta kulauksen
ja valtikkaa suurimman rakkauden.

66. Rakkauden rummut

Rummut rakkauden paukkuu tanssiin vaatien,
kehomme yhteen kietoutuu alla puun syksyisen,
sataa lehdet ruskaiset kehomme villit vaatettaen.

67. Minun liekkini

Olet liekkini,
sydämessäni kaivattu,
kuljen sinua kohti,
olen sielusi valossa ravittu.

68. Ikuisuus

Ikuisuus on hetki
matkalla ajassa ja paikassa
mukanaan äärettömyys.

69. Alkumeri

Pisaraan sisältyy
alkumeren viisaus ja voima.

70. Jokaisessa

Jokaisessa alussa on läsnä loppu,
jokaisessa syntymässä odottaa kuolema.

71. Yhdessä olemme kaikki

Rakkautesi sade minua huuhtelee,
siemenesi saapuvat,
pienet pisarat valoa ja taikuutta.
Intohimosi rytmi minua rummuttaa,
keinumme nautinnon aalloilla,
kaukana ilon ja onnen ulapalla.
Anna minun ytimeesi yhtyä,
saat kanssani taivaisiin kurkottaa.
Yhdessä olemme kaikki.

72. Vapaus

Vapaus.
Vaihtoehdot ja valinta,
villinä kuohuva joki virtaa metsien halki.
Tehdä mitä tahtoo seurauksia ajattelematta,
tuulessa liitävä kotka lentää ilmojen halki.
Päämäärättä vaeltaa omistamatta mitään.
Vapaus.
Olla oma itsensä,
aito ja lahjomaton,
sielunsa näköinen ja kokoinen.

73. Intohimo

Liu'ut sisääni hitaasti ja lempeästi,
olet yhtä kanssani,
rakkautesi koskettaa syvyyksiäni,
olemuksesi valo saa sydämeni syttymään.
Liekehdin kanssasi,
intohimo aaltoilee,
sykkii minussa.
Ole kanssani,
anna kaikkesi,
ota minut.
Purkautuu nautinnon ääni kosteilta huuliltasi,
annan sinun vyöryä ylitseni kerta kerran jälkeen
kuin aalto hiekalle.
Olen kuin ranta,
vakaa ja vastaanottavainen,
annan sinulle vapauden tulla kuohuen kuin meri,
aaltoillen lähteä ja palata.
Olet vastustamaton voima,
jälkeesi jättämä kosteus viipyilee minussa,
kunnes taas olet minussa
ja olemme yhtä,
nyt ja aina.

74. Kaipuun vanki

Katson sinua ja tiedän sen,
olen vanki, vanki kaipauksen.
Villinä sinua huhuilen kuin yöllinen huuhkaja
metsässä eilisen.
Nyt,
lähtee laiva satamasta kyynelten, kaipauksen.
Sukellan alla aaltojen tavoittaakseni sinut
luona rannan huomisen.

75. Sydämeni oksa

Sinun puoleesi taipuu sydämeni oksa,
olkapäätäsi vasten tahdon levätä.
Kaipuun lintu räpyttää siipiään
etsien oksaa levähtää,
tuuli tyyntyy ja meri rauhoittuu.
Sydämeni yhä levottomana kaipaa sinua.

76. Kuljemme yhdessä

Tartun sinun käteesi
ja yhdessä kuljemme yli vuorten kivisten,
meren rannalle viimein saapuen.
Meren kuohuihin astumme rinnakkain,
kuunvaloon sulautuen.

77. Yhä uudestaan

Uudestaan ja yhä uudestaan
sormesi soittavat sisimpäni kieliä.
Sukellan syviin vesiin,
hukun rakkautesi aaltojen alle,
vajoan hellyytesi pohjalle,
pohjalle kultaisen sydämesi.
Ota vastaan kaikki
minkä sinulle annan rakkauteni ruusupuusta,
se kaikki kuuluu sinulle.
Kruunaan sinut rakkaani ruusuisella seppeleellä,
annan varpusten laskeutua oksilleni.
Hymyilen, tiedän, ymmärrän.